BEI GRIN MACHT SICH IHR WISSEN BEZAHLT

- Wir veröffentlichen Ihre Hausarbeit,
  Bachelor- und Masterarbeit

- Ihr eigenes eBook und Buch -
  weltweit in allen wichtigen Shops

- Verdienen Sie an jedem Verkauf

Jetzt bei www.GRIN.com hochladen
und kostenlos publizieren

Silke Labudda

Die Religion der Blackfoot-Indianer

GRIN Verlag

Bibliografische Information der Deutschen Nationalbibliothek:

Die Deutsche Bibliothek verzeichnet diese Publikation in der Deutschen National-
bibliografie; detaillierte bibliografische Daten sind im Internet über http://dnb.d-
nb.de/ abrufbar.

Impressum:

Copyright © 2003 GRIN Verlag GmbH
Druck und Bindung: Books on Demand GmbH, Norderstedt Germany
ISBN: 978-3-640-85675-6

Universität Hannover
Seminar für Religionswissenschaft
WS 2002/2003

„Kiwa und Sonnentanz : Die Religionen der Indianer
Nordamerikas"

Referat zum Thema :

Die Religion der Blackfoot

Referentin : Silke Schulz

Inhaltsverzeichnis

Die Blackfoot

Die Blackfoot – Indianer

Einleitung

Im Rahmen des Seminars über die Indianer Nordamerikas werde ich in
meinem Referat die Blackfoot – Indianer behandeln, die zu den sogenannten
Plains – Stämmen zählten. Dabei werde ich zunächst das Leben der
Blackfoot in den Plains und das Zusammenleben im Stamm beschreiben,
bevor ich auf die religiöse Weltanschauung und die damit verbundenen
Rituale eingehen und das Ergebnis meiner Arbeit am Ende des Referats
zusammenfassend auf das bereits im Seminar Gelernte beziehen werde.
Im Voraus möchte ich noch erwähnen, daß ich selbstverständlich nur einen
kurzer Abriß über das Leben und die Religion der Blackfoot vermitteln kann;
alle verfügbaren Informationen zu verwerten, würde mit Sicherheit weit über
den Rahmen eines Referats hinausgehen.

1.) Das Leben in den Plains

Die Plains sind ein Gebiet im Norden Amerikas, das sich auf einer Länge von
mehr als 3000 km von Kanada bis nach Mexiko erstreckt. Begrenzt wird es
durch das Mississippi – Missouri –Tal und die Vorberge der Rocky
Mountains. Die Fläche dieses riesigen Gebietes beträgt insgesamt mehr als
2,5 Millionen km .
Der Stamm der Blackfoot – Indianer (auch Blackfeet genannt) besiedelte im
18. und 19. Jhd. einen Teil der nördlichen Plains, das heute ungefähr in den
Bundesstaaten British Columbia, Alberta und Idaho liegen würde. Im
Norden grenzte ihr Gebiet an das der Sarcee, im Süden an das der Gros
Ventre und im Osten an das Territorium der Plains Cree, denen aufgrund
archäologischer Funde eine enge Verbindung mit den Blackfoot nachgesagt
wird[1]. Alle eben genannten Stämme gehörten zur Algonkin – Sprachgruppe.
Obwohl die Blackfoot ein großes Gebiet bewohnten und auch als eine der
größten Gruppen der nördlichen Plains galten, war die Bevölkerungsdichte

---

[1] Taylor, Colin, „Der große Bildatlas : Indianer : Die Plains", S. 63

gering. 1870 wurde die Anzahl der dort lebenden Blackfoot auf nicht mehr als 15000 Personen geschätzt[2].

Aufgrund der Größe und Gebirgsdichte des Gebietes ist das Klima in den Plains keineswegs einheitlich. Während im Westen und Süden kaum Niederschlag fällt und dort sogenannte „badlands" („vegetations – und wasserarme Ödnisse, durch auffällige Hügel – und Felsformationen gekennzeichnet"[3]) auftreten, ist der Osten (d.h. das Mississippi – Missouri – Tal) eine humide Zone mit grüner Prärie und starkem Graswuchs.

Die Fauna ist dem Klima angepaßt. Alle vorkommenden Tierarten sind in der Lage, längere Zeit ohne Wasser auszukommen, und bis auf Wolf und Coyote sind alle Tiere Pflanzenfresser, die sich hauptsächlich von Gras ernähren. Diesen Umständen entsprechend waren die in den Plains lebenden Indianergruppen größtenteils Jäger, die allerdings auch mit den wenigen Gartenbauern Handel trieben und auf diese Weise Fleisch und Felle gegen Mais, Kürbisse und Bohnen tauschen konnten[4]. Hauptsächliche Jagdbeute waren die Prärie – oder Gabelantilope und der Büffel, die beide im 19. Jhd. in den Plains weit verbreitet waren. Von diesen Tieren wurde aber nicht nur das Fleisch als Nahrungsquelle geschätzt, sondern auch Hörner und Felle wurden verwendet, um beispielsweise Schmuck und Kleidung daraus zu gewinnen.

Besonders die Büffeljagd, welche aufgrund der schlechten Hör – und Sehfähigkeit der Tiere weitaus einfacher war als die Antilopenjagd, war bei den Blackfoot nicht nur bloße Nahrungsbeschaffung, sondern hatte auch rituelle Bedeutung. Die Plätze, an denen die Büffel von den Jägern über eine Klippe in den Tod getrieben wurden, wurden *Estipah – Siki – Kini - Kots* („Wo-ihm – der Schädel – eingeschlagen – wird"[5]) genannt. Dort verband sich die Jagd mit Ritualen und Gebeten an höhere Mächte.

Die Häute der getöteten Büffel erfüllten eine ganz bestimmte Funktion. Sie wurden als Zeltdecken für die Tipis (Stangenzelte) benutzt, die bei den Plains – Stämmen und besonders auch bei den Blackfoot eine bedeutsame Rolle spielten. Ohne schnell auf – und abzubauende und leicht transportable

---

[2] s. o. , S. 62
[3] s. o. , S. 62
[4] s. o. , S. 68
[5] s. o. , S. 63

Zelte wäre das Nomadenleben, das diese Indianergruppen führten, kaum denkbar gewesen. Die Tipis der Blackfoot wurde häufig mit religiösen Symbolen bemalt, die vor Krankheit und Unglück schützen sollten und Aussagen über den sozialen Status des Besitzers machten[6].

Typisches Charakteristikum der Nomaden war z. B. die große Bedeutung des Kriegertums. Die Blackfoot – Krieger schmückten sich mit auffälligem Kopfschmuck, der aus Adlerfedern und Fellen bestand, und genossen ein extrem hohes Ansehen. Den unterliegenden Feinden wurde meist eine Trophäe abgenommen. Dabei handelte es sich z.B. um ein Stück der Kleidung oder eine Waffe, oder aber auch um den Skalp des Betreffenden[7]. Das Kriegertum als auch der Handel erreichten ihren Höhepunkt allerdings erst, als im 18. Jhd. der Gebrauch von Pferden und Feuerwaffen aus dem Osten Nordamerikas adaptiert wurden. Den einst unberittenen Blackfoot gelang es nun, den Stamm der Shoshoni zu bekämpfen und schließlich ganz aus den Plains zu vertreiben. Auch das Zurücklegen längerer Strecken und der Transport größerer Mengen Handelsgüter war erst durch die Benutzung der Pferde möglich geworden. Häufig galten Pferde auch als die wertvollste Kriegsbeute.

2.)Soziale Organisation der Blackfoot

a) Die soziale Struktur des Stammes

Die Blackfoot waren (besonders im 19. Jhd.) kein einheitlich zusammenlebender Stamm, sondern in drei eigenständige Stämme unterteilt, die Piegan, Blood und Siksika genannt wurden. Jede Gruppe lebte weitgehend unabhängig von den anderen und hatte ihren eigenen Stammeshäuptling, einen alle vereinenden „Oberhäuptling" gab es nicht. Innerhalb dieser Gruppen lebten mehrere Familien gemeinsam und gründeten auf diese Weise eine sogenannte Jagdgruppe, in welcher die

---

[6] s. o. , S. 67
[7] s. o. , S. 65

Männer gemeinsam jagten und die Frauen sich ihrerseits um Haushalte und Kinder kümmerten. Die Zugehörigkeit einer Person zu einer Jagdgruppe war nicht durch gemeinsame Ahnen oder ein gemeinsames Totem bestimmt; obwohl jeder einzelne wußte, welcher Gruppe er angehörte, waren die Gründe dafür nicht geklärt[8]. So stand es auch jedem frei, die Jagdgruppe bei Bedarf zu wechseln.

Jede Jagdgruppe, von denen es insgesamt über zwanzig gegeben haben soll[9], hatte ihr eigenes Oberhaupt. Das Amt des Häuptlings war weder erblich, noch wurde es durch eine Wahl weitergegeben; es beruhte allein auf der Popularität des Betreffenden. Der Mann, welcher am meisten Autorität und Führungsqualitäten besaß und selbstverständlich auch über ein gewisses Maß an Reichtum verfügte, wurde als Häuptling anerkannt. Größere Jagdgruppen allerdings besaßen oft mehrere Häuptlinge, und es war nicht selten, daß sich ein Teil der Gruppe von den anderen trennte und unter einem anderen (stärkeren) Oberhaupt eine neue Jagdgruppe gründete.

Die Aufgaben des Häuptlings lagen hauptsächlich im sozialen und politischen Bereich. Auch hierbei ist anzumerken, daß seine Macht nicht von seinem Amt selbst, sonders ausschließlich von seiner persönlichen Autorität ausging. Er mußte „die sozialen Beziehungen innerhalb der Gruppe und zu den anderen Gruppen des Stammes regeln"[10], wobei er allerdings nicht das Recht hatte, Entscheidungen, die die gesamte Gruppe betrafen, allein zu fällen. Dies war die Aufgabe des Stammesrates, der aus angesehenen Männern bestand, die gegebenenfalls über „die Verlegung des Camps, gemeinschaftliche Jagd-, Raub- und Kriegszüge, die Veranstaltung von religiösen Zeremonien und Festen, die Art der Beziehungen zu anderen Gruppen und Stämmen sowie das Verhältnis zu den Weißen"[11] berieten und entschieden.

---

[8] Gerhard, Eva, „Blackfoot - Indianer" ,S. 66
[9] s. o. , S. 66
[10] s. o. , S. 67
[11] s. o., S. 67

b) <u>Das Zusammenleben von Mann und Frau</u>

Die Rollen, die Männern und Frauen bei den Blackfoot zugedacht waren,
sind ungefähr vergleichbar mit den traditionellen Rollen in früheren
westlichen Kulturen. Während die Mädchen schon in ihrer Kindheit mit
rollenspezifischem Spielzeug auf ein Leben als Hausfrau und Mutter
vorbereitet wurden, wurde bei den Jungen viel Wert auf eine spätere
Laufbahn als Jäger und Krieger gelegt. Die männlichen
Stammenangehörigen genossen weit mehr Freiheiten als die weiblichen und
hatten bereits im Kindesalter weniger Pflichten zu erfüllen. Dies setzte sich
auch im Erwachsenenalter besonders in sexueller Hinsicht fort. Von den
heiratsfähigen Mädchen wurde gewünscht, daß sie jungfräulich in die Ehe
gingen; bei den Männern hingegen waren diejenigen, die die meisten
sexuellen Erfahrungen vorzuweisen hatten, von der Gesellschaft besonders
anerkannt. Junge Männer wurden daher häufig von den Älteren „zu
Liebesabenteuern ermutigt"[12].
„Heirat war mehr eine gesellschaftliche Angelegenheit, als ein
Übereinkommen zwischen zwei Individuen"[13]. Oft wurden die Eheleute
einander bereits als Kinder versprochen; diese Übereinkunft wurde meist
von den Eltern oder anderen Verwandten getroffen, und es wurde Wert
darauf gelegt, daß besonders die Töchter in eine reichere Familie
einheirateten und somit sozial aufsteigen konnten. Die Hochzeit selber war
eine eher einfache Zeremonie. Nachdem die Heirat mit gegenseitigen
Geschenken offiziell geworden war, zogen Braut und Bräutigam in ein
gemeinsames Tipi, das entweder ihnen oder dem Vater des Bräutigams
gehörte, und wandten sich ihren häuslichen Tätigkeiten zu[14].
Auch in der Gestaltung des ehelichen Zusammenlebens wird die
patriarchalische Gesellschaftsstruktur deutlich. Während eine Frau nur
einen Mann zum Ehemann haben durfte, stand es den Männern frei,
mehrere Frauen zugleich zu ehelichen. Begründet wurde diese Tatsache mit
dem durch Kriege entstehenden Frauenüberschuß; es war aber auch mit

---

[12] s. o. , S. 54
[13] s. o. , S. 55
[14] s. o. , S. 55

größerem Ansehen verbunden und ein deutliches Zeichen für Wohlstand,
wenn ein Mann mehrere Frauen hatte.

Zwar hatten die Frauen das Recht, ihren Mann zu verlassen, wenn dieser sie
schlecht behandelte, Treulosigkeit galt aber nicht als Trennungsgrund. Für
untreue Ehefrauen jedoch wurden drastische Strafen verhängt : „In
historischen Zeiten schnitt man ihnen zur Strafe (...) die Nase ab, oder sie
konnten von den Männern der Gruppe gemeinschaftlich vergewaltigt und zur
Prostitution degradiert werden"[15].

3.) Die Religion der Blackfoot

a) Geheimbünde / Männerbünde

„Die Blackfoot besaßen ein kompliziertes System von Bünden oder
Gesellschaften, von denen der Großteil den Männern vorbehalten war"[16].
Die jungen Männer konnten mit ungefähr zwanzig Jahren diesen Bünden
auf der niedrigsten Stufe beitreten; der Aufstieg in eine höhere Gesellschaft
erfolgte alle vier Jahre. Den Aufstieg konnten sie sich aber nicht durch Taten
verdienen, sondern mußten ihn sich erkaufen, indem sie den Inhaber eines
Amtes dafür bezahlten, daß dieser seine Position aufgab. Demzufolge
erreichten nur die reichsten Männer auch die höchsten Stufen der
Männerbünde.
Diese Geheimbünde oder Männerbünde hatten teilweise politische Aufgaben;
die Mitglieder kümmerten sich um das Fortbestehen der Lagerordnung und
durften Verstöße gegen diese bestrafen. Besonders den Älteren und
Ranghöheren aber waren auch rituelle und religiöse Aufgaben zugedacht.
Bei den Piegan existierte in diesem Zusammenhang unter anderem die
sogenannte „Crow – Water Society"[17], die von einem Stammesmitglied
namens Iron gegründet worden sein soll, der einige Zeit bei den Crow gelebt
hatte. Als er von dort heimkehrte, hatte er besondere Kräfte erlangt, die er

---

[15] s. o. , S. 55
[16] s. o. , S. 68
[17] Hirschfelder/Molin, „Encyclopedia of Native American Religions", S. 61

mit einem Stammesmitglied namens Curlybear teilte und auf diese Weise die geheime Gesellschaft gründete. Die Zeremonien, welche von den Angehörigen vollzogen wurden, enthielten das Rauchen der Pfeife, Singen bestimmter heiliger Verse und das Tanzen zu diesen, aber auch das Weihen heiliger Bündel (deren Bedeutung werde ich später im Text erläutern) und das gemeinsame Verzehren von geweihten Nahrungsmitteln. Hauptsächlich wurden diese Zeremonien durchgeführt, wenn ein Stammesmitglied den Geheimbund um Gesundheit bzw. die Heilung einer Krankheit gebeten hatte.

Die Macht dieser geheimen Organisationen beruhte oft auf einer Vision der Gründungsperson, die in dieser von einem höheren Wesen dazu aufgerufen wurde, einen Geheimbund zu gründen. Oft trugen Mitglieder einer solchen Gesellschaft eines der bereits erwähnten Medizinbündel, genannt „saam"[18], bei sich, in dem sich verschiedene heilige Objekte befanden und dem besondere Kräfte nachgesagt wurden (den Begriff der „Medizin" werde ich unter Punkt c) noch genauer erläutern). Der Gebrauch und die Zusammensetzung dieses Bündels erschien ebenfalls oft in Träumen oder Visionen (siehe ebenfalls Punkt c)). Meist waren die Bündel individueller Besitz einer Person; dieser Besitz konnte aber auch auf eine andere Person übertragen werden, wenn diese genug bezahlen konnte. Die Übergabe selbst war mit langwierigen Zeremonien verbunden, und oft bedeutete der Besitz eines Medizinbündels eine immense Einschränkung des täglichen Lebens. Bei den Blackfoot war das Biberbündel das am höchsten geschätzte, da es in Verbindung mit sehr komplizierten Riten dem Besitzer große Macht verleihen sollte[19]. Es wurde nur in Zeiten großer Not geöffnet und wegen der vielen mit ihm verbundenen Riten und Gesänge nur selten weitergegeben. Wer Mitglied in einem Geheimbund wurde, wurde von Stamm zu Stamm unterschiedlich gehandhabt, und auch die Aufgaben der verschiedenen Organisationen waren hierbei von Bedeutung. Es gab bei den Blackfoot, wie bereits erwähnt, hauptsächlich reine Männerbünde, aber auch einige wenige, in denen beide Geschlechter vertreten waren. Die Crow – Water Society der Piegan bestand aus Männern und Frauen, denen aufgrund ihrer

---

[18] Gerhard, Eva, „Blackfoot-Indianer", S. 93
[19] Taylor, Colin, „Der große Bildatlas : Indianer : Die Plains", S. 68

Mitgliedschaft heilende Kräfte nachgesagt wurden; es existierte aber auch
ein Geheimbund, dem ausschließlich Frauen beitreten durften. „The Old
Woman´s Society"[20] der Blood hatte die Aufgabe, am vierten Tage des
Sonnentanzes (siehe „Rituale und Zeremonien") ein Büffeltreiben
nachzustellen, bei dem einige Frauen in Verkleidung die Büffel
repräsentierten; dies geschah „zu Ehren des Schöpfergeistes, des Büffel –
Spirits und der Menschheitsgeschichte"[21]. Ohne die Mitwirkung dieser
Frauen war keine Zeremonie denkbar, da sie diejenigen waren, die die
heiligen Bündel für den Sonnentanz aufbewahrten und es außer ihnen
niemandem gestattet war, diese zu öffnen und die darin enthaltenen
Gegenstände den Männern für das Ritual zu überreichen.

b) <u>Das religiöse Weltbild</u>

Wie bei vielen Indianerstämmen, die den Norden Amerikas bewohnten,
bezog sich das religiöse Weltbild der Blackfoot hauptsächlich auf die sie
umgebende Natur. Anders als im westlichen Denken gab es keine Trennung
zwischen der Natur und dem Menschen; der Mensch galt als vollständig in
die Umwelt eingebunden und war somit von ihr abhängig. Eine
Selbstauffassung als „Krone der Schöpfung", wie wir sie aus christlichen
Kulturkreisen kennen, war bei den Indianern gänzlich unbekannt, vielmehr
war es hier der Mensch, der sich der Natur anpassen und ihr dankbar sein
mußte. Tiere, Pflanzen, aber auch leblose Objekte und Naturerscheinungen
wie Donner und Wind wurden als beseelt angesehen. Konkrete
Göttervorstellungen und eine damit einher gehende eventuelle
Götterverehrung gab es nicht. Auch auf eine detaillierte
Schöpfungsgeschichte schien wenig Wert gelegt zu werden, zumindest ist
mir über solche Vorstellungen nichts bekannt.
Für jagende Stämme wie auch die Blackfoot hatten stattdessen die Tiere eine
besonders große Bedeutung. Deren Geister galten als große Mächte, die die
Erde lange vor den Menschen bevölkert hatten und auf deren Hilfe die Jäger
angewiesen waren, um auf der Jagd erfolgreich zu sein. Diese Hilfe traf aber

---

[20] www.indianer-web.de, Die Plains, S. 4
[21] s. o. , S. 4

nur dann ein, wenn die Menschen bestimmte Gebote berücksichtigten; beispielsweise durfte nur soviel Wild getötet werden, wie auch benötigt wurde. Die Knochen des Tieres durften nicht einfach weggeworfen, sondern mußten angemessen behandelt werden, da man daran glaubte, daß das Tier aus seinen Knochen wiedergeboren werden konnte[22].

Die Blackfoot glaubten an die Existenz mehrerer paralleler Welten. Unter dem Wasser vermuteten sie die Geister, die das Leben der Tiere und Pflanzen beherrschten. Auch der Himmel war von Geistern bewohnt, allerdings deckt sich diese Vorstellung nicht mit der christlichen Annahme, daß über der Erde das Gute zu finden sei; vielmehr wirkten die Himmelgeister der Blackfoot bedrohlich und würden nach westlicher Auffassung wohl eher einer Art Unterwelt zugeordnet werden. Die mächtigsten dieser Himmelgeister waren die Donnervögel, die durch ihren Flügelschlag Blitz und Donner erzeugten. Auch wenn die Geistervorstellungen der Blackfoot selbstverständlich stark von christlichen Vorstellungen abweichen, könnte man zum besseren Verständnis die Wassergeister als „gut" bzw. hilfreich und die Himmelgeister als „böse" bzw. bedrohlich einordnen (dies stellt natürlich nur eine stark vereinfachte Hilfskonstruktion dar). Aus diesem Grunde wurde zwischen den beiden Geistergruppen ein ewig dauernder Krieg angenommen.

Auf der Erde selbst gab es die „Geister der vier Winde"[23], die für das geordnete Abwechseln der vier Jahreszeiten und somit für den fortwährenden Kreislauf des Lebens verantwortlich waren. Sonne und Mond hatten ebenfalls einen hohen Status; sie galten als die Energiequellen, die für die regelmäßige Wiederkehr von Tag und Nacht sorgten. Diese Auffassungen zeigen deutlich, wie stark die Blackfoot in ihre Umwelt eingebunden waren und daß ihre täglichen Beobachtungen der Natur sich in ihrem religiösen Weltbild widerspiegelten.

---

[22] Gerhard, Eva, „Blackfoot-Indianer," S. 93
[23] Taylor, Colin, „Der große Bildatlas : Indianer : Die Plains", S. 68

c) <u>Träume und Visionen</u>

„Es gab bei den Blackfoot keine feste, vorgegebene religiöse Lehre, die der
einzelne zu akzeptieren hatte, wollte er sich nicht außerhalb der
Gemeinschaft stellen"[24]. In jeder Gruppe existierten ein oder mehrere Seher
und Heilkundige, die ihr Leben dem Übernatürlichen gewidmet hatten; die
meisten aber gaben sich mit ihrem alltäglichen Leben zufrieden und nahmen
nur an religiösen Festen teil, ohne deren tiefere Bedeutung zu kennen.
Trotzdem gab es individuelle religiöse Erfahrungen, die jeder für sich suchte
und die für die Blackfoot weit größere Bedeutung hatten als die von
ackerbauenden Stämmen vollzogenen Gemeinschaftszeremonien. Meist
handelte es sich hierbei um Visionen, die besonders junge Männer in
Abgeschiedenheit von der Gruppe zu erlangen versuchten. Das Ziel einer
solchen Vision war das Erscheinen eines „persönlichen Schutzgeistes", der
dem Suchenden dessen „persönliche Medizin" überreichen und ihn mit
deren Gebrauch vertraut machen sollte. Der Begriff „Medizin" ist hier
allerdings nicht so zu verstehen, wie wir ihn heute gebrauchen. Vielmehr
handelt es sich hierbei um eine hinter allem stehende, alles durchdringende
Kraft, die wir bei anderen Indianerstämmen bereits als „manitou" oder auch
als „mana" kennengelernt haben.
Diese Medizin konnte aus den verschiedensten alltäglichen Gegenständen
bestehen, z.B, „eine Feder, ein kleiner Vogel, ein Stück Fell, eine Waffe, ein
besonders geformter Stein (...)"[25], die diese Kraft enthielten. Sie sollte, wenn
man sie richtig benutzte, „Gesundheit, Unverwundbarkeit und Erfolg im
Kampf und auf der Jagd, Familienglück und Ansehen bei Freund und
Feind"[26] verursachen.
Die Gegenstände, die die persönlichen Medizinen darstellten, galten selbst
allerdings nicht als heilig. Bei Verlust oder Diebstahl verloren sie die vom
Schutzgeist verliehene Kraft. Diese ging dann ohne weiteres in ein neues
Objekt über.

---

[24] Gerhard, Eva, „Blackfoot - Indianer", S. 92
[25] s. o., S. 91/92
[26] s. o., S. 91

Im Gegensatz zu anderen Indianerstämmen Nordamerikas war die Suche nach bedeutsamen und hilfreichen Visionen bei den Blackfoot keine einmaliger Angelegenheit, die beispielsweise im Kindesalter als Initiationsritus vollzogen wurde. Oft versuchten erwachsene oder gar ältere Männer, diese durch Selbstquälerei und Askese zu erlangen. Über Frauen und Visionssuche ist mir leider nichts bekannt. Aufgrund der Stellung der Frauen im sozialen Bereich nehme ich jedoch an, daß das Herbeirufen von Visionen und Geistern hauptsächlich den Männern vorbehalten war.

<u>d) Rituale und Zeremonien</u>

Wie die meisten jagenden Indianerstämme besaßen die Blackfoot nicht die Fülle von lebensbegleitenden Zeremonien, wie wir sie von den frühen Bauernstämmen kennen; die meisten ausgeübten Zeremonien wurden durchgeführt, um einen bestimmten Zweck zu erfüllen, wie z.B. spirituelles oder körperliches Heil einer bestimmten Person oder des gesamten Stammes. Darüber hinaus gab es den Sonnentanz, den ich später noch genauer erläutern werde, als eine der sogenannten Erneuerungszeremonien, die man eigentlich eher von ackerbauenden Stämmen kannte und die dazu gedacht waren, den Gang der Welt und den Glauben der Stammesangehörigen an die Geisterwelt zu erneuern. Manche Zeremonien waren allen Mitgliedern des Stammes bzw. der Gruppe zugänglich, manche aber durften nur von bestimmten Geheimbünden ausgeübt werden. Anzumerken ist auch, daß nicht alle Zeremonien von allen drei Blackfoot – Stämmen gleichermaßen durchgeführt wurden, was erneut die Eigenständigkeit der Gruppen betont, die sich selbst wohl auch nicht als Einheit mit den jeweils anderen empfanden.
Zu den letzteren Zeremonien gehört z.B. der nur von den Piegan zelebrierte „Black – Tailed Deer Dance"[27], dessen Durchführung ursprünglich einer schwerkranken Person im Traum von einem Hirsch mitgeteilt worden sein soll. Der Tanz fand entweder vor einer Jagd oder zur Unterstützung der Heilung eines Kranken statt. Er begann am Abend und dauerte die ganze Nacht hindurch. In seinem Verlauf wurde ein den Hirsch repräsentierender

Tanz aufgeführt, es wurden Gebete gesprochen zur Heilung des Kranken oder für Schutz und Erfolg bei der Jagd, und um Mitternacht gab es ein Festmahl für die teilnehmenden Personen.

Die meisten Zeremonien enthielten ähnliche, immer wiederkehrende Elemente; das Singen bestimmter heiliger Verse oder Gebete und das Tanzen fanden bei fast allen rituellen Zusammenkünften statt. Oft wurde auch gemeinsam die Pfeife geraucht und gespeist. In manchen Ritualen bekamen die Teilnehmer eine bestimmte Bemalung oder eine Verkleidung, die häufig ein Tier, ein höheres Wesen oder den ursprünglichen Erfinder der Zeremonie darstellen sollte.

Eine bekannte und meiner Ansicht nach besonders erwähnenswerte Zeremonie ist der sogenannte Sonnentanz, der nicht nur von den Blackfoot, sondern von allen jagenden Plains – Stämmen durchgeführt wurde (die Blackfoot sollen ihn Eva Gerhard zufolge allerdings erst im 19. Jhd. von den Arapaho übernommen haben (S. 95)). Der Name „Sonnentanz" ist der Encyclopedia of Native American Religions zufolge eine falsche Übersetzung des ursprünglichen Namens „Wi wanyang wacipi"[28], der eigentlich so etwas wie „sun gazing dance" (also etwa „die Sonne beobachtender" oder „in die Sonne starrender – Tanz") bedeutet. Wie bereits erwähnt, handelt es sich hierbei um eine Erneuerungszeremonie, in deren Verlauf auch für Gaben und Hilfe in schweren Zeiten gedankt und für Fruchtbarkeit und Schutz vor Feinden und Krankheit, etc. gebetet wird. Traditionell fand der Sonnentanz im Sommer statt; laut der Encyclopedia of Native American Religions im Spätherbst bzw. Frühsommer (S. 283), laut Eva Gerhard jedoch erst im August (S. 95). Von der religiösen Bedeutung der Zeremonie abgesehen, hatte diese auch noch einen anderen Zweck : sie brachte weit auseinander lebende Stammesmitglieder zusammen, um Informationen auszutauschen und den Zusammenhalt untereinander zu stärken. Der Sonnentanz war das einzige religiöse Fest, an dem alle Gruppierungen der Blackfoot gemeinsam teilnahmen.

---

[27] Hirschfelder/Molin, „Encyclopedia of Native American Religions", S. 21
[28] s. o., S. 283

Über die Dauer der Zeremonie selber sind sich die Quellen nicht einig. Eva Gerhard spricht von acht bis zehn Tagen (S. 105), im Internet wurde die Dauer allerdings mit nur vier Tagen angegeben[29].

Der Sonnentanz bestand aus einer ausgiebigen Reinigung in der Schwitzhütte, fasten, dem Tanzen bestimmter ritueller Tänze um einen heiligen Baum und u.a. bei den Blackfoot auch das Piercen bei der Marterzeremonie (dieses soll laut Eva Gerhard ebenfalls von den Arapaho übernommen worden sein (S. 96)). Am letzten Tag wurden junge Männer, die sich auf diese Weise der Sonne weihen wollten, mit Lederriemen an den heiligen Baum gebunden, wobei ihnen die Lederriemen durch beigefügte Schnitte in Brust und Rücken gezogen wurden. Durch extatisches Tanzen rissen sie nach und nach die Seile aus ihrem Fleisch und befreiten sich so von ihren Fesseln[30]. Während dieser Zeit sollten die Teilnehmer im Idealfall eine Vision bekommen.

Weiße Beobachter, denen diese Art Zeremonie selbstverständlich sehr fremd erschien, waren von den Selbstmarterungen derart schockiert, daß der Sonnentanz 1883 offiziell verboten wurde. Für die Plains – Indianer war dies ein schwerer Schlag, da die notwendige Erneuerung der Welt ohne den Tanz und die Selbstquälereien nicht stattfinden konnte[31]. Daher wurde die Zeremonie oft heimlich oder in leicht abgeänderter Form trotz des Verbotes vollzogen. Die Blackfoot verschoben ihre Durchführung auf den amerikanischen Nationalfeiertag, den 4. Juli, woraufhin ihnen vorgeworfen wurde, sie würden diesen Tag entehren[32].

1934 wurde der Sonnentanz anläßlich des „Indian Reorganization Acts"[33] wieder erlaubt. Bei einigen Stämmen wird er seit des Verbotes nicht mehr durchgeführt, in den meisten Wohngebieten der Plains – Indianer findet er allerdings auch heute noch bzw. heute wieder statt.

---

[29] wwww.indianer-web.de, Visionssuche und Sonnentanz", S. 2
[30] Gerhard, Eva, „Blackfoot - Indianer", S. 105
[31] Taylor, Colin, „Der große Bildatlas : Indianer : Die Plains" , S. 2
[32] Hirschfelder/Molin, „Encyclopedia of Native American Religions", S. 284
[33] www.indianer-web.de, Visionssuche und Sonnentanz, S. 2

<u>Schlußwort</u>

Die Blackfoot wiesen aufgrund ihrer Lebensweise und aufgrund ihres natur-
und umweltbezogenen religiösen Weltbildes Merkmale der traditionellen bzw.
primitiven Jäger – und Sammler – Religionen auf. Typisch dafür waren kaum
ausgeprägte Göttervorstellungen und somit auch keine Verehrung derselben.
Auch Tempelbau oder die Verehrung von Fetischen waren den Blackfoot
nicht bekannt. Dafür wurden insbesondere den Tieren mächtige Geister
zugesprochen, die über die Welt und somit auch über die Menschen, die
ihnen dafür dankbar sein mußten, wachten. Auch die für uns unbelebte
Natur war nach Auffassung der Blackfoot vollständig beseelt und mit der
hinter allem Existierenden stehenden Kraft („mana") durchsetzt.
Die Rituale, die die Blackfoot vollzogen, waren weit weniger ausgeprägt als
die der ackerbauenden Indianerstämme, und sie spielten gegenüber der
persönlichen Visionssuche eine eher untergeordnete Rolle (der Sonnentanz
stellte hierbei eine Ausnahme dar).
Die Existenz eines eindeutigen Oberhaupts (Häuptlings)und auch die damit
verbundene hierarchische Struktur der Gesellschaft, die deutlich in arm und
reich eingeteilt war und auch gewisse Merkmale einer Priesterkaste
andeutet, sind allerdings wiederum Kennzeichen der archaischen Religionen.
Wahrscheinlich vermischten sich durch das zunehmende Nomadentum
verschiedene Religionen und Lebensweisen verschiedener Indianerstämme,
so daß auch Rituale und Bräuche, die zunächst unbekannt waren, Einzug in
das Leben der Blackfoot hielten (Beispiel dafür ist hier der Sonnentanz, der
von den Blackfoot erst im 19. Jhd. adaptiert wurde). Natürlich kam auch der
Einfluß der Europäer hinzu, so daß man zusammenfassend sagen kann, daß
die Religion der Blackfoot dem Bellah´schen System zufolge nicht eindeutig
in eine Kategorie eingerodnet werden kann, da sie sowohl Kennzeichen der
traditionellen, als auch der archaischen Religionen aufzeigt, wie wir es im
Seminar bereits bei den Pawnee festgestellt hatten.

<u>Literaturliste</u>

1. Taylor, Colin, „Indianer : Der große Bildatlas : Die Plains", Orbis Verlag, München 1994

2. (Originalausgabe Salamander Books, London 1991)

3. Hirschfelder / Molin, „Encyclopedia of Native American Religions", Facts On File New York/Oxford 1992

4. Gerhard, Eva, „Blackfoot – Indianer", Insbruck 1980

5. Und die Internetseite :

6. www.Indianer – web.de, „Die Plains : Das spirituelle Leben" und „Visionssuche und Sonnentanz"